AF224170

ALLOCUTION

ADRESSÉE A

M. PAUL-ÉDOUARD ARNOUX

CHEF DE BATAILLON AU 37ᵉ DE LIGNE

ET A

Mˡˡᵉ MARIE DE LA MÉNARDIÈRE

AU MOMENT DE LEUR MARIAGE

PAR

M. l'abbé GARREAU

CURÉ-ARCHIPRÊTRE DE SAINT-PIERRE DE LOUDUN

ANGERS

E. BARASSÉ, IMPRIMEUR-LIBRAIRE, RUE SAINT-LAUD, 83

1869

28 juin 1869.

Mon cher Ami, Mademoiselle,

Lorsque le Patriarche introduisait dans sa tente celle qui devait être la compagne de son fils, avant de consacrer leur union, avec la majesté de ses cheveux blancs, et l'autorité de sa parole, il rappelait aux deux époux les obligations qui doivent en être la conséquence. Puis élevant au-dessus de leurs têtes ses mains paternelles, remerciant le Seigneur de la joie qu'il versait au cœur de toute la famille, il appelait sur eux le trésor des bénédictions du Ciel.

Il me semble assister aujourd'hui à cette scène de la vie patriarchale. Dans quelques instants vos désirs deviendront une solennelle réalité. Sous l'œil de J.-C. présent au tabernacle, sous le regard des Anges invisiblement répandus autour de cet autel, vous allez enchaîner vos deux existences par des engagements irrévocables. La consécration religieuse va mettre le dernier sceau à cette union de deux cœurs chrétiens. Permettez qu'à l'exemple du Patriarche je fasse trêve aux émotions de mon âme, que j'impose silence à la voix de mon affection, et, tout en m'associant au bonheur de ce jour, laissez-moi vous faire entendre les graves enseignements de l'Eglise qui va vous bénir.

Toute société impose à ses membres des obligations à remplir. La société conjugale repose principalement sur l'amour mutuel des époux. A vrai dire, il n'y a point d'autre précepte que celui-là, et, comme de la loi évangélique, on peut dire la parole de l'Apôtre : Celui qui aime a rempli les obligations de la loi, *qui diligit, legem implevit.* Entendez plutôt la doctrine de saint Paul écrivant le code du mariage chrétien sous l'inspiration du Saint-Esprit : « Vous, maris, aimez » vos épouses; c'est s'aimer soi-même que d'aimer sa » compagne. Nul ne hait sa propre chair, mais il la » nourrit et l'environne des soins les plus attentifs. » S'il ajoute plus loin : « Que l'épouse craigne son mari, » *uxor timeat virum suum;* » au dire de tous les commentateurs, l'Apôtre n'a point voulu parler de la crainte qui fait pâlir l'esclave, mais de cette déférence pleine d'un affectueux respect qui doit se payer au chef de la famille. Or, l'amour que le Saint-Esprit demande aux époux, gardez-vous de le croire, n'est point cette pierre précieuse tant de fois traînée dans la boue; ce n'est pas non plus ce sentiment passionné qui pétille en paroles, et qui, semblable aux éclairs de l'orage, après avoir un instant scintillé dans la nue, va s'éteindre sans retour dans les profondeurs de la nuit. L'amour conjugal n'est point cette fleur qui naît au milieu de la rosée du matin, et qui s'étiole avant le coucher du soleil. C'est bien plutôt cet arbuste à feuilles persistantes qui, sous les durs frimats de l'hiver, comme sous les brises parfumées du printemps, étale à nos regards son impérissable couronne de verdure. Pour tout dire en un mot, il n'est rien autre chose que le dévouement. Voilà pourquoi l'apôtre saint Paul se hâte d'ajouter dans son épître aux Ephésiens : « Maris, aimez vos » épouses comme J.-C. a aimé son Eglise, et s'est » livré pour elle, afin de la sanctifier, et de s'en former » une épouse d'une excellente beauté, sans rides et » sans souillure. »

Quel admirable modèle du mariage chrétien ! Le dévouement, en effet, est pour les époux une nécessité de tous les instants : le ciel n'est pas toujours sans nuages ; les plus beaux jours ont leurs ombres. La distribution des saisons est ainsi faite : après les journées si joyeuses au printemps, si belles et si ravissantes pendant l'été, viennent les jours si maussades de l'automne, tristes préludes, hélas ! des dures rigueurs de l'hiver. La vie humaine est une broderie où vous voyez sans doute des dessins agréables, mais dont le fond se forme presque toujours de couleurs sombres et austères. Au milieu de toutes ces péripéties diverses, il faut que les cœurs des époux s'épanouissent aux mêmes joies, comme il leur faut porter les mêmes tristesses.

Ce dévouement qui vous est si nécessaire, venez le

puiser dans le cœur et les exemples de J.-C. Comme J.-C. a aimé son Eglise et s'est livré pour elle, aimez-vous donc, et dévouez-vous l'un à l'autre. Au moment où vos mains vont s'unir sous la bénédiction du prêtre, que vos cœurs devenus un même cœur se jurent aux pieds de l'autel un dévouement sans bornes et sans mesure. C'est pour vous la condition du bonheur. Quand une âme a reçu cette trempe forte et vigoureuse, elle est capable des plus généreux sacrifices, et la félicité qu'elle éprouve, elle la fait rayonner dans l'atmosphère qui l'environne.

Je me représente votre vie sous le symbole d'un navire. Longtemps amarré au rivage, voici qu'il va partir pour une longue traversée. Que Dieu protége cette fragile embarcation, et qu'il accorde aux heureux passagers le ciel sans nuages, et la limpidité des flots ! Mais enfin n'y a-t-il pas tout à craindre ? Une pensée nous console : Quels que soient les orages qui grondent dans les cieux ; quelles que soient les tempêtes qui se déchaînent sur l'océan, tant que la brise du dévouement et de l'amour gonflera les voiles, le vaisseau peut sans crainte avancer au milieu des écueils ; malgré le déchaînement des vagues, il est sûr d'arriver au port.

Ce devoir, il vous sera doux de le remplir. La grâce qui va se répandre dans vos âmes, vous en donnera la sainte énergie. Mais en vous parlant de dévouement, je ne vous parle point une langue étrangère : je ne vous parle point d'une plante exotique, dont à peine vous connaissez le nom. Tous deux vous avez été élevés à cette école qui fait les grands caractères et les grands cœurs. La vie militaire, en effet, qu'est-elle autre chose qu'une vie de dévouement? Où trouverez-vous une abnégation plus absolue, un sacrifice plus complet que dans le cœur de ce guerrier, qui, sur l'ordre de son chef, sans balancer jamais, l'œil peut-être humide de larmes au souvenir de sa famille et de son vieux père, ne marchande point sa vie, court se jeter devant les balles étrangères pour la défense de son pays, sacrifiant ses espérances, son avenir, sa gloire, sur un champ de bataille, où il ne trouvera pas même un tombeau? Le dévouement, je le retrouve sur un théâtre moins étendu, mais non moins glorieux, dans l'intérieur de la famille, sous les traits de cette jeune fille qui consacre sa jeunesse aux soins de ses parents, et dont la pensée et le cœur se consument dans cet amour solitaire, comme la lampe devant le tabernacle de nos églises. Après l'avoir salué sur un champ de bataille par le cri de mon admiration, permettez-moi de saluer l'ange du dévouement au foyer domestique par l'hommage de ma vénération et de mon affectueux respect.

Tout nous fait présager un heureux avenir. L'épouse que Dieu vous donne aujourd'hui, mon cher Commandant, est tout à fait digne de vous. Les vénérables parents qui vous la présentent en ce moment avec un si légitime orgueil, et, n'en soyez pas surpris, les larmes dans les yeux, appartiennent à une des plus honorables familles de notre contrée. Ils jouissent à bon droit de l'estime publique, et à juste titre ils sont environnés de la considération universelle. Ce n'est pas sans une émotion profonde que tout à l'heure, des marches de ce sanctuaire, nous apercevions, conduisant vers l'autel son enfant de prédilection, le noble chef de la famille, au front duquel je me plais à voir resplendir le triple diadème du vieillard, du père et du magistrat. Vous parlerai-je des qualités personnelles de celle qui va bientôt devenir votre compagne? L'Esprit-Saint me défend de louer personne pendant la vie. Si riche que soit l'écrin, il ne nous est pas permis de l'ouvrir pour y faire admirer les perles précieuses dont Dieu l'a enrichi. Ce que nous pouvons vous dire avec confiance, c'est que nous, qui connaissons son intelligence et son cœur, nous nous réjouissons avec vous, — et vous savez si cette joie est au fond de nos cœurs, — de la grâce que Dieu vous accorde, et du trésor qu'il vous procure. La providence a été bien bonne à votre égard. Après les nombreuses péripéties de votre existence, elle vous a ménagé un port de refuge, où vous pourrez relâcher sans crainte, et vous reposer à l'abri des orages. Vous avez parcouru ces immenses plaines de l'Afrique, où le soleil darde à plomb sur la tête du voyageur. Heureux le pèlerin, quand il vient à trouver un oasis ! Là coule une onde pure et limpide : au-dessus de la source le palmier incline son ombrage et étale ses éventails de verdure. Avec quelle joie le pauvre voyageur approche de ses lèvres desséchées cette eau qui doit le rafraîchir ! Ce bonheur est aussi le vôtre. Au milieu de ces arides déserts qu'on appelle les phases de la vie humaine, vous venez de rencontrer un oasis plein de charmes et de fraîcheur. Puissiez-vous y reposer longtemps ! Puissiez-vous y trouver toujours la paix et le bonheur !

Et vous, Mademoiselle, je dois vous le dire aussi, l'époux que vous vous êtes librement choisi, n'est pas indigne de vous. Je sens bien que la louange doit expirer sur mes lèvres. Elle serait trop suspecte dans ma bouche ! Mais qu'ai-je besoin de faire ici des éloges ? N'y a-t-il pas des voix qui parleront plus éloquemment que la mienne ? Le caractère loyal et franc dont le militaire a conservé le privilége, la considération dont il est entouré par ses amis et par ses supérieurs hiérarchiques, le grade éminent qui lui a été conféré, cette croix d'honneur qui brille sur sa poitrine, ne suffisent-ils pas surabondamment à sa louange ? Cette croix, c'est la croix de son vieux père : il l'avait recueillie comme un héritage d'honneur et de gloire. Il est écrit : La gloire des pères est la gloire des enfants. Longtemps après que le soleil a disparu de l'horizon, il projette encore sur le ciel des teintes splendides de pourpre et d'or. Ainsi de la gloire du père. Alors qu'il n'existe plus, elle se réflète sur les générations qui sortent de lui, et forme un patrimoine glorieux qui se transmet dans la famille avec un légitime orgueil. Cette croix dont il était si fier, il l'avait cachée sur son cœur. Son désir était de la voir briller un jour sur sa poitrine. Ce bonheur était réservé à son courage. Avec quelle allégresse il reçut cette décoration si précieuse ? De ce jour, du moins, il était digne de son père : c'était son ambition et sa joie; son ambition était satisfaite. — Pardonnez-moi cet épanchement du cœur, Mademoiselle ; je me suis trop abandonné peut-être : mais je devais ce souvenir, et à ma profonde affection pour celui qui va bientôt être votre époux, et à ma reconnaissance, à jamais inscrite dans mon cœur, pour un oncle qui, dans les circonstances difficiles, a bien voulu me servir de père.

Et maintenant il ne me reste plus qu'à vous bénir. Ah ! que le Dieu d'Abraham, d'Isaac et de Jacob daigne répandre sur vous ses plus abondantes comme ses plus précieuses bénédictions ! Qu'il ouvre en votre faveur les plus riches trésors de sa grâce ! Que votre union contractée aujourd'hui avec tant de joie soit fécondée par la bénédiction du ciel ! Qu'un jour il vous soit donné de voir autour de vous cette belle couronne dont il est parlé dans les Saints Livres, *Filii tui sicut novellæ olivarum in circuitu mensæ tuæ.* Vos enfants seront comme des plants d'olivier autour de votre table.

Dans un instant l'Eglise, par ma bouche, va demander pour vous le présent de la vie, *ut vitam habeatis.* La vie pour le chrétien, ce n'est pas cette existence d'un jour qui s'évanouit comme un éclair : c'est cette existence surnaturelle qui commence à éclore ici-bas au souffle de la grâce, et qui s'épanouit au soleil de l'éternité. Que le Seigneur vous l'accorde dans toute sa plénitude ! Qu'il vous dispense les biens de ce monde, si tel est le dessein de sa miséricorde; mais qu'il vous donne surtout les biens du ciel qui ne périront jamais !

C'est le vœu qui s'échappe de tous les cœurs à la fois. C'est le vœu de vos parents et de vos amis : c'est le vœu de cette assistance accourue pour jouir de votre bonheur. C'est le vœu du pasteur aussi, qui va le présenter à Dieu en montant à l'autel. C'est le vœu de vos parents qui ne sont plus. Je conserve cette douce espérance, Dieu ne permettra pas qu'ils manquent à cette fête de famille. Des rivages du Ciel où ils sont arrivés depuis longtemps, ils contemplent avec amour celui qu'ils aimaient à appeler leur fils, celle qu'ils auraient été si heureux de nommer leur fille.

O Dieu de nos pères, entendez nos supplications.

Répandez sur ces époux prosternés à vos pieds toutes les bénédictions que mon cœur et mon affection leur désirent. Que ces noces d'aujourd'hui ne soient que le prélude de ces noces éternelles, auxquelles nous sommes tous invités, et qui doivent se célébrer dans une allégresse qni ne finira jamais.   Ainsi soit-il.

Augers. — Imp. E. Barassé.

www.ingramcontent.com/pod-product-compliance
Lightning Source LLC
Chambersburg PA
CBHW051301050726
47595CB00008B/3365